물 밖으로 나를 보낸다

물 밖으로 나를 보낸다

강명희 시집

[시인의 말]

소녀의 꿈, 별빛이 되다

시는,
아주 오랜 소녀 시절부터
내 마음속 깊이 자리 잡고 아무에게도 보여 주지 않은
꿈이고 소망이었습니다.

그러나 합리적인 사회인으로 평생을 살아오느라
그만 그 꿈마저 놓아 버린 채
직장에 다니고 결혼을 하고 아이들을 기르면서
충실한 생활인으로 살아오느라 잠시 잊고 지내온
숙제였습니다.

그렇지만 내 가슴 속엔 언제나 김소월, 한용운,
헤르만 헤세, 하이네의 가슴 뛰는 문장들이
설레는 숨소리로 꿈틀거리고 있었습니다.
그네들은 너무 훌륭했지만 나와는 너무 멀리 있는
동경의 대상이었습니다.

이제 그 먼 동경의 대상을 내 눈앞에서
안아 보기로 했습니다.

아무도 눈치채지 못한
어릴 적부터 간직해 온
나의 기도를
주님께서는 결코 잊지 않으시고
들어 주셨기에 용기를 내보기로 했습니다.

"그동안 참 열심히 살았구나
이제 네 꿈을 펼쳐보아라"
말씀해 주시는 것만 같습니다.

이제 시작입니다.
남은 생애 동안 진심을 담은 좋은 시를 쓰려고 노력하겠습니다.

내 삶의 진정성을 담아 이웃과 세상을 향한
위로가 되고 치유가 되는 따뜻한 글을
쓰겠습니다.
고맙습니다.

2023년 9월 25일 새벽에 *별빛을 생각하며*

차 례

시인의 말 04

제1부 소녀와 안개

물 밖으로 나를 보낸다 10 ㅣ 나도 샤프란 11 ㅣ 두꺼비집 12
동백 14 ㅣ 소녀와 안개 16 ㅣ 소다 심부름 17
백보가 지나고 18 ㅣ 꽃길 현수막 19 ㅣ 도둑맞은 산수화 한 점 20
어느 모범생의 수학여행 22 ㅣ 아침의 기도 24 ㅣ 가을 소나기 26
남한산성을 걷다 27 ㅣ 고희를 맞이하는 언니에게 28

제2부 내 인생의 봄날

고궁의 가을 34 ㅣ 딸의 눈물 35 ㅣ 아들에게 배운다 36
나도 봄처럼 39 ㅣ 팔불출에게 온 선물 40 ㅣ 나이를 먹는다는 건 42
다시 꿈꾸는 시간 44 ㅣ 군자란 46 ㅣ 오일장이 서면 48
봄이 오는 동안 51 ㅣ 코로나의 악몽 52 ㅣ 명자꽃 55
내 인생의 봄날 56 ㅣ 빈자리 58

제3부 백 년 만의 여행

선물로 온 내 딸 62 ｜ '8737'을 보내던 날 64 ｜ 반달이 66
내 친구 향순이 68 ｜ 기지개를 켜다 70 ｜ 저는 아니겠지요? 71
내 친구 혜순이 72 ｜ 신혼집에 대한 기억 74 ｜ 네 인생을 살아라 77
'그리다' 79 ｜ 백 년 만의 여행 82 ｜ 우리 동네 돌봄단 86
골뱅이 찾기 88 ｜ 행복한 바보 90

제4부 오래된 상처

이쁜 딸 경진이 94 ｜ 세상의 꽃송이들에게 97 ｜ 오래된 상처 98
가을 길상사 100 ｜ 엄마의 어떤 체험 102 ｜ 그때는 몰랐네 104
보고 싶은 친구야 106 ｜ 자귀나무 108 ｜ 도서관 가는 길 110
새 학기 첫 날 111 ｜ 하려고만 하는 사람 112 ｜ 기억 여행 114
정상에 서서 116 ｜ 그 빛 118

해설

한겨울에도 꽃을 피우는 에델바이스처럼,
진솔한 삶의 흔적을 풀어내다 – 김남권 120

– 제1부 –
소녀와 안개

물 밖으로 나를 보낸다

물처럼 살았다
향기도 모양도 만들지 못하고
네모 옆에서는 네모로
동그라미 옆에서는 동그라미로
얕은 그릇, 깊은 그릇 모양에 따라
무엇에든 그릇에 맞추느라
내 모습을 잊고 살았다

언제나 호수 같은 평화를 사랑한다고
스스로를 위로했지만
호수 아래 가라앉은 뿌리가 되어
물 밖으로 고개도 내밀지 못한 채
이순을 넘겼다

고개를 내밀어야 꽃을 피울 텐데
고개를 내밀어야 별을 볼 텐데
이제 남은 시간이 아까워
까치발 들고
안간힘으로
물 밖으로 나를 보낸다

나도 샤프란

언제 피어났는지도 모르게
화단 틈바구니에서
빼꼼이 고개 내민 순결한 꽃 한 송이,

나도밤나무처럼
무척 높은 족속이
되고 싶었나 보다

형제 많은 집에서
좀처럼 관심을 받지 못하고 자란
나처럼,
칭찬이라도 받아 보고 싶었나 보다

별을 닮은 꽃잎마다
까르르 까르르
목젖이 환하도록 웃는

예닐곱 살
내 딸이 거기 있었다

두꺼비집

두꺼비는 두꺼비집에 살지 않는다
전기를 밥으로 먹지도 않는다
육십 년대 초쯤,
내가 살던 읍내에는 전기가 들어왔지만
특선, 일반선으로 나뉘어
특선은 낮에도 불을 켜면 들어왔지만
일반선은 저녁에서 새벽까지
한전에서 넣어주는 대로 불을 밝혔다

그것도 가끔은 깜빡깜빡해서
불이 들어왔다 나가면
부엌으로 돌아가는 모퉁이 벽 위에
높다랗게 걸려 있던 두꺼비집을
간짓대로 두드려 패다 보면
가끔 깜짝 전기가
들어오기도 했다

전기가 나가면
한전 아저씨를 부르러
어린 나는 밤길을 달려갔고
한전 아저씨는 자전거를 타고 가다
뒤돌아보며 타라고 했지만
나는 그 자전거마저 무서워
밤길을 혼자 걸어 돌아오곤 했다

그 후로도 한참을
두꺼비집에서는 두꺼비 대신
물렁한 퓨즈가 전기를 먹고 있었지만
그 속에 무엇이 있는지 깨닫기까지
세월이 더 흘러서야 알게 되었다

지금 내가 살고 있는 우리 집에는
진짜 두꺼비가 살고 있다

동백

남녘 어느 바닷가에서
해풍을 맞으며 살다가
우리 집으로 시집온 지
어느덧 사십여 년이 지났다

중년이 된 나무는
굵은 줄기가 세월의 흔적을
말해주고 있다

남녘에서 처음 왔을 때는
앙상한 가지 하나
겨우 포대에 싸여 들어왔는데
분재 화분에 심겨진 채
애지중지 눈 맞춘 세월,
반백 년이 가까워 온다

온몸을 조여 오는 고통을 감수하고
어느 때부턴가
애처로운 그 눈빛
나를 보는 듯 안타까웠는데

해마다 눈 내리는 남녘의
하늘을 그리워하며
붉은 눈물 뚝뚝, 흘리는 너를
이제 나도 뜨거운 가슴으로
꽃잎 떨구며 바라보고 있다

소녀와 안개

여고 시절 나는 안개 소녀였다

아침 일찍 홀로 안개 속을 걸어가는 동안
나는 마법의 성을 산책하는
공주가 되었다

가장 먼저 학교에 등교하는 재미에 빠져
아무도 없는 운동장 한가운데서
베일에 싸인 안개 속으로 들어가
깊은숨을 쉬며 환상에 젖었다

낮은 담장처럼 피어 있는
코스모스 꽃길을 따라가다 보면
안개는 어느새 산꼭대기로 밀려나고
나는 우주의 주인이 된 듯
텅 빈 운동장을 점령한 기분에 젖곤 했다

무진기행 속 안개는 여귀女鬼가
뿜어내는 입김 같다고 했는데
나에게 안개는 예나 지금이나
신비한 꿈속을 여행하는
어린 왕자의 바오밥나무다

소다 심부름

어린 시절
조금만 신경을 쓰면
소화를 못 시키던
아버지 심부름으로
소다를 사려고 구멍가게에 자주 갔었다

초등학교 남자 동창 아이가
주둥이가 좁은 항아리 속의 소다를
양은 국자로 떠서 저울에 달아 주면
누런 종이봉투를 들고 집으로 돌아왔다

소화제도 귀했던 시절,
월남 갔던 큰집 오빠가
작은아버지 선물이라며 선물로 들고 온
파란 병의 '암포젤 엠'이라는 미제 약을 드신 후론
더 이상 소다 심부름도 하지 않았다

그렇게 세월은 흘러
어느덧 나도 아버지의 나이를 넘겼지만
약국마저 흔해진 요즘
하루에 열 번이라도 좋으니
소다 심부름을 시키는 아버지가
곁에 계시면 좋겠다고 생각한다

백로가 지나고

가을장마가 끝나고 맞이하는
청명한 햇살은
9월의 첫날
반가운 손님처럼 눈부시게 찾아왔다

무덥고 지리했던 시간들을
잘 견뎌 준 사람들에게
초목들에게
대지에게 주는 시원한 선물이다

백로가 지니고
상강이 깊어지면
들판은 온통 황금빛
물결로 파도칠 것이다

저 햇살 모두
저물기 전에
내 가슴 가득
저장해 두어야겠다

꽃길 현수막

학교 교정에 걸린
'꽃길만 걸으세요'란 현수막이
공허한 메아리로 혼자 나부낀다

사회로 진출하는 졸업생들에게 보내는
격려의 문장이겠지만
교문을 나서는 졸업생이나
교문 안에 있는 재학생이나
기대와 설렘보다는
초조와 불안이 가득한 순간이다

삶이 어찌 꽃길만 걸을 수 있을까만
가끔씩 진흙과 자갈길을 걷게 될지라도
우리가 뒤에 있으니
좌절하거나 실망하지 말고
꿋꿋하게 걸어가라고
서러운 당부를 하고 싶다

도둑맞은 산수화 한 점

우리 집 거실에 앉아 있으면
멀리 보이는 푸른 산빛이
한 폭의 산수화가 되어
계절마다 새로운 채색으로 나를 반겼다

이른 봄날엔
연분홍 진달래와 샛노란 진달래가
가슴을 설레게 하고
연둣빛 새순이 파도처럼 밀려와
나를 오랫동안 이곳에 주저앉게 했다

변함없는 산자락은
밤마다 별빛을 넘나들게 했고
보름이 가까워질 때마다
간절한 소원을 빌기도 했다

그 산자락에 언제부턴가
고층 아파트가 들어서고
고압 송전탑이 들어오면서
수십 년 동안 감상했던 산수화 한 폭을
도둑맞고 말았다

내 유일한 보물을 허락도 없이
훔쳐 간 사람들은
사과 한마디도 없다

어느 모범생의 수학여행

여고 2학년 가을,
아픈 아버지 대신
집안일, 농사일을 도맡아 하시던
어머니에게 수학여행을 가야 한다는
말을 꺼내지도 못했다

몇몇 아이들은
자기들끼리 여행을 가느라
학교를 가지 않았고
생활지도부 선생님은 그 기간 동안
아이들의 집을 예고 없이 방문했다

나는 어머니와 논에 나가
벼 베기를 끝내고
손에 낫을 든 채 집으로 돌아오는 길에
선생님을 만났다

나중에 선생님이 교직원 조회 때
내 이야기를 하시는 바람에
모든 선생님들이 알게 되었고
나는 졸지에 선생님이 인정하는 모범생이 되고 말았다

그때는 가난이 부끄러워
말도 꺼내지 못했는데
결국 가난이
나를 영원한 모범생으로 만들고 말았다

아침의 기도

나는 태교를 할 때마다
버스로 출근할 때면
늘 밖이 훤히 내다보이는
창가에 앉았다

내 아이의 앞날이
거침없고 투명하게
펼쳐지길 바라는 마음으로
간절히 기도했다

아이늘이 사탸
학교에 다니고
시험에 시달릴 때는
순간순간 마른침을 삼키며
부디 이 순간을 잘 견뎌주기를
가슴 졸이며 소망했었다

어른이 되어 사회로 진출했을 때는
이 세상에 보탬이 되는
사람이 되기를,
세상을 살리는 일에는
주저함이 없기를

진심으로 기도했다

이순의 언덕을 넘어서니
이젠 우리 아이들만이 아닌
이웃의 아이들이 보이기 시작했다
그리하여 힘든 이웃들도
이 순간을 잘 이겨내기를
기도하게 되었다

지금 나는 건강하게
눈뜨는 아침이 행복하다
아름다운 세상의 아침을 하루 더 보고
아름다운 아이들의 눈을 하루 더 볼 수 있는
이 순간을 사랑한다

가을 소나기

너에게
가는 길은
끊긴 지 오래다

남한산성을 걷다

10월, 단풍이
물들어가는
가을 햇볕이 아까워
남한산성
성곽 길을 걸었다

성벽 너머로 물들어가는
산야를 따라
어우러진 마을은
옹기종기 평화로운
모습으로 다가왔다

구불구불 이어진
산성 길을 걸으며
오백 년 전
치욕의 순간에
갇혀 버렸다

수어장대 높은 망루에 걸린
인조의 한이
내 마음속 아우성으로 용솟음쳤다

고희를 맞이하는 언니에게

언니, 칠십 년 동안 건강하고 행복하게
잘 살아온 오늘 이 순간을
진심으로 축하해!
우리가 함께했던 50년대, 60년대, 70년대,
그 질곡의 세월을 용케도 잘 살아왔네
그때는 참으로 나라도 가난했고 집안도
가난한 시절이었지
그 어려움 속에서도 우리 형제들은
줄줄이 공부도 잘하고 모두 모범생이어서
어려운 형편에도 학교를 안 보낼 수 없다고 엄마가 말씀하셨지

나는 많은 형제 중 바로 위인
언니를 많이 의지하고 따랐던 것 같아
우리는 자라면서 단 한 번도 큰 소리로 싸우지 않았던 게
지금 생각해도 참 신기하고 고마운 일이었던 것 같아

가끔 언니를 생각하면 우리가 함께했던
소중한 추억들이 주마등처럼 떠올라
가슴이 따뜻해지곤 해

언니는 나하고 좀 달랐던 것 같아.
똑똑하고 용감하고 그 시절 아이들끼리 하던
뻔따먹기, 자치기, 땅따먹기
어느 것 하나 못 하는 놀이가 없었지.
내 기억에 아마 언니가 열 살쯤이었을까
내가 학교에 들어가기 전이었지
동네에서 사납기로 유명했던 긴 머리를 묶고 다니던
언니 친구와 언니가 엉켜서 싸우는 걸 보았지
그 언니가 이기는 것 같아 멀리서 보고 있던
내가 달려가 그 언니 머리카락을 막 잡아당겼던 기억이 나
지금 생각해도 우습고 자매는 용감했지
나중에 그 언니의 언니가 나더러
동생 없는 사람은 어쩌라고 너까지 달려들었냐고 눈을 흘겼지.

언니가 졸업한 학교를 내가 곧 따라
들어가니 선생님들이 나도 언니처럼
활달하고 배구도 잘하는 줄 알았는데
나는 사실 운동은 소질이 없어서 미안했지.

어느 해였던가 오빠가 ROTC 소위로 임관하며 상무대에서 훈련을 받던 중
엄마가 음식을 만들어 면회를 가신다고 할 때
나는 차마 따라갈 엄두도 못 내고
있었는데 언니는 차부 까지만
엄마 모셔다드린다고 따라가더니
광주 상무대까지 따라가 버려서
나만 억울하게 약이 올랐던 적이 있었지.

언니가 나중에 회사에 다니며 돈을 벌 때
겨울방학에 대전에 간 나를 데리고
큰 책방에 가서 사고 싶은 책을 고르라고
해서 얼마나 좋았던지.
나는 문학사상과 멋진 제목이 달린 책을 사서
친구에게 선물했던 적이 있는데 사실
그 책은 내가 평생 처음으로 받은 책 선물
이어서 지금 생각해도 너무 고마워.

그런 언니가 인간성 좋은 형부와 결혼하고
삼 형제 조카들 잘 키우며 행복하게 사는 모습이 참 보기 좋았어
그리고 언제나 든든하게 우리 곁을 지켜 준 언니가
건강하고 여유 있게 노후생활을 즐기며 살아가는 모습이
참 보기가 좋아.

앞으로도 지금처럼 행복하게
언제나 그 자리에서
언니의 인생을 즐겼으면 좋겠어
언니의 모든 순간을 응원할게
언니 사랑해

– 제2부 –
내 인생의 봄날

고궁의 가을

덕수궁의 가을이
고즈넉하다
나뭇잎마다 단풍 옷
갈아입더니
어느덧
텅 빈 계절을 맞이하느라
분주하다

여린 새순 돋아나
뜨거운 햇살 아래서
푸르러지던 순간이
엊그제 같은데

어느새 드높은 하늘
찬바람 맞으며
생의 절정을
노래하네

영욕의 세월을
한 자리에서 견딘
궁궐처럼
내 삶의 아름다운 황혼도
저렇게 저물고 싶네

딸의 눈물

그동안 써온 글을
딸이 보고
후두둑 눈물을 떨궜다

엄마를 가장 가까이에서
지켜보며
늘 답답해하던 딸은
자신은 엄마처럼
살지 않을 거라며
입버릇처럼 말하곤 했었다

'딸아, 너는 부디
나처럼 살지 말아라
하고 싶은 거
실컷 하면서
후회 없이 살아라
마음은 따뜻하게
생각은 아름답게'

내 목숨을 다 주어도
아깝지 않은
자랑스런 내 딸아
너의 세상을 응원할게

아들에게 배운다

1.
아들이 초등 4학년 때
학부모 참관수업에 갔었다
사회시간이었는데
어떤 질문에 아무도 손을 들지 않았고
대답을 하지 못했다

약간의 침묵이 흐른 후
담임선생님이 아들에게
대답해 보라고 이름을 부르자
정확한 답변을 하는 것이었다

나중에 집에 돌아와
아들에게 왜 바로 손을
들지 않았느냐고 물으니
자신이 알고 있다고
너무 나대는 것은
바람직한 게 아니라고
의젓하게 대답했다

나는 그동안 내가 생각해왔던 것들에
한 대 얻어맞은 기분이 들었다

어느새 나보다 더 깊은 생각을
하게 된 아이가 되어 있었다니
참으로 놀랍고 대견한 순간이었다

2.
아들이 고등학교 1학년 때
학급에서 반장을 했다
그때는 반장 활동도
내신에 반영되었기 때문에
2학기에는 다른 학생이
반장을 하는 추세였는데
2학기에도 다시 반장으로
선출되었다는 것이다

선생님께 물으니
우리 아들은 공부를 잘하지 못하는
아이들이 더 좋아한다는 것이다

아들에게 물었더니
공부를 잘하지 못한 아이들이
인간성이 좋은 아이들이 많고
또 그 아이들이 있음으로써

잘하는 친구도 있는 것이니
성적은 전혀 문제가 되지 않고
서로 잘 지내야 한다고 했다

그래, 네 말이 맞다
너는 어려서부터
나를 많이 깨우치고
배우게 한
지혜로운 아이였단다

나도 봄처럼

겨우내 허전했던 나뭇가지 위로
연둣빛 새순이 돋아나기 시작했다

메마른 대지에 하루 종일
봄비 내리더니
천사의 눈물,
빗방울 맞은 자리마다
수줍게 피어나는
연초록이라니,

봄은 이렇게 가만가만
벅찬 숨결로 우리 곁에
오고 있었다

나도 누군가에게
이렇게 반가운
숨결이면 좋겠다

누군가에게 이렇게
따뜻한 감동을 주는
그런 사람이면 좋겠다

팔불출에게 온 선물

왜 그런지 나는
누가 내 앞에서
아들 칭찬만 하면
이성을 잃고
둥둥 떠 버린다
아무리 고치려 해도
고쳐지지 않는
고질병이다

두 딸을 낳은 뒤
선물처럼 내게 온 아들은
세상의 누구보다 어여뻤고
공부를 못해도 괜찮고
조금 덜 착해도 괜찮았을
존재 자체만으로도
기쁨을 주는 아이였는데
늘 내가 기대하는 이상의
기쁨을 주는 존재였다

자신의 일이라면
늘 들떠있는 내게

'명품은 스스로 명품이라고
말하지 않아요'라는 한마디로 오히려 나를
겸손하라고 깨우치는 아들,
결국 오늘도 이렇게 자랑을
하다가 하루가 저무는구나

그래 아들아, 우리는
과연 어디까지 배워야
부끄럽지 않은 사람이 될까?
그렇지만 아들아
오늘 나는 팔불출의 역사를
다시 쓰더라도 내가 살아있는
최후의 기쁨을 놓치고 싶지 않구나

나이를 먹는다는 건

우리는 어느새
더 이상
꿈같지도 않고
낭만적이지도 않은
육십 대가 되었다

오랜만에 만난
친구와 나는 열심히 살아온
반듯한 생활인이 되어있었다

20내의 불같은 열정도,
이루지 못한 꿈과 사랑도
가슴 뜨거워지던 설렘도
사라진 지 오래다
언제 우리에게
그런 때가 있었던가
기억이 가물가물하다

벌써 수십 년이 된
청춘의 이야기는
다시 만난 친구와 밥을 먹고
차를 마시고 수다를 떨다 돌아와서도
무엇인가 놓친 것 같은 허전함에
가슴 한켠으로
시린 바람이 들어왔다

다시 꿈꾸는 시간

지나온 시간들을 되돌릴 수만 있다면
스무 살 그 빛나던 시절로
돌아가고 싶습니다

그때는 너무 어리고 순수해서
얼마나 찬란한 순간이었는지
미처 몰랐습니다

산 너머
무지개가 내 것이 될 수 없는
신기루였다는 것을 깨닫는 순간
미리 체념해버린 나 자신이
부끄럽고 원망스러웠습니다

지금 와서 생각해보니
얼마나 후회스러운지 모릅니다
눈앞의 현실을 너무 빨리 깨달아
꿈마저 포기해야 하는 줄 알았습니다

그때는 몰랐습니다
바람 부는 언덕길 돌고 돌아
지금 이 자리에 와서 생각하니
꿈을 꾸던 그 순간들이
얼마나 소중했었다는 것을
알게 되었습니다

깨닫는 순간이
청춘이라고 했습니다
이제 남은 미래는
하늘의 섭리에 맡기며 매일 매일
새로운 꿈을 꾸며 살아갈 것입니다

군자란

작년에 탐스럽게 피었던
군자란에
애기 꽃줄기가 붙어 나왔다
소중한 분에게
나누어 주려고
가을에 분갈이한다는 것이
잎에 상처가 나서
줄기를 잘라내다 보니
잎이 몇 개 안 남아 버렸다
낭패다 싶은 마음에
실망이 깊다
올해는 꽃을 못 보겠구나
생각하고 아쉬워하며
겨울을 지났는데
입춘이 지나자
이파리 사이에
뾰족이 내민
작은 꽃봉오리가
고개를 내밀었다
하도 반갑고 사랑스러워
날마다 들여다보며
눈을 맞추고 말을 건넸다

'고귀'한 그 꽃, 활짝 피어
만 리 밖 가슴에도
그 행복 푸르게
돋아났으면 좋겠다

오일장이 서면

닷새마다 장이 열리는 읍내
시장 가까이 살던 우리 집은
아버지 형제들이
셋이나 되는 큰집의
어른들에 그 마을의 사람들까지
그야말로 장날이면
방에서 마루까지
손님들로 북적였다

학교에서 집에 돌아오고 나서
북적대는 사람들을 보자마자
나는 뒤꼍으로 가서 엄마에게
"차라리 주막을 여시지요." 투덜거렸다

어려운 형편에도 엄마는
꼭 따뜻한 점심을 대접했고
60년대가 저물어가던 몇 해 동안
가뭄이 들어 모내기를 못 할 만큼
어려운 시절에도 음식 솜씨 좋은
엄마는 묵은지 썰어 넣고
쌀 조금 넣은 김치죽이라도
따뜻하게 끓여 내놓았다
그때는 정말 엄마를 이해할 수 없었다

그 시절 시골 사람들은 장에 왔다 가면
사람들을 많이 모아서 함께
산모퉁이를 돌아가야 한다는 걸
한참 지나서야 알게 되었다

그때까지도 산모퉁이에 산적들이 나타나
물건을 뺏고 사람을 해치는 일이
비일비재했었기에 우리 집은
암묵적인 정거장이었던 것이다

어느결에 내가 엄마 나이만큼 살고 보니
살아가는 모습이 꼭 엄마를
닮아 가고 있는 것 같다

며칠 전 언니의 칠순에 모인 형제들과
엄마 얘기를 나누다가 그때 어머니의
그 마음 때문에 우리가 이만큼 복 받으며
살고 있는 것 같다고,
모두 엄마 덕분이라고,
엄마가 살아 계신다면
꼭 말씀드리고 싶었다

엄마가 그 고단한 시절에도

군소리 없이 많은 사람들에게
마음을 주었다는 건,
자신의 뒤를 이어 평생을 살아갈
자식의 길을 환하게
닦는 일이었다는 걸
엄마의 나이를 한참 지나서야 알게 되었다
그 가슴에 얼마나 뜨거운 사랑이
솟아오르고 있었는지.

봄이 오는 동안

봄빛이 가만가만
뒷산으로
나를 부른다
성글게 핀 진달래꽃은
저 혼자 피었다고
나를 아는 척하고
추운 겨울 잘 견딘
자신이 대견하지 않냐며
눈인사를 건넨다
겨우내 아무도 돌아보지 않는
산야를 묵묵히 지키며
따스한 봄 햇살이 오기를
간절히 기다렸노라고,
누구보다 먼저
꽃봉오리를 열어
활짝 웃어 주었다
아무도 기다려주지 않았지만
자신의 역할을
묵묵히 해내는
그런 사람을 닮았다

코로나의 악몽 —형부를 떠나보내며

오전 11시만 되면 확진자 수,
사망자 수를
알려오는 뉴스를 들을 때만 해도
나도 '조심해야지' 하는 마음이었지
내가 사망자 가족이 되리라고는 꿈에도
생각하지 못했다

유족을 향해 심심한 위로를
전한다는 의료진의 말에도
남은 가족들이 '참 안됐구나' 생각했지
우리 가족에게 이런 일이 일어나리라고는
상상도 하지 못했다

어린 나에게 형부는
어느 날 든든한 키다리 아저씨처럼
환한 얼굴로 다가왔다
여자 형제가 없는 형부는 어린 처제를
참 예뻐해 주셨다

결혼할 나이가 된 나에게
같은 학교 선생님을 소개하기에도
우리 처제는 아깝다고 하셨던 분이다
막상 내가 결혼하는 날

우리 처제 아깝다고
입술이 부르틀 정도로
속상해하면서
술을 드셨다고 했다
그만큼 처제를 아끼고 괜찮은 사람이라고
생각해 준 분이었다

교장 선생님으로 퇴직을 하고
집 가까이 텃밭을 얻어
열심히 농사도 지으면서 가을이면
'고추를 따가라'
'깻잎을 따가라'
'대파를 뽑아가라'
무엇이든지 주고 싶어
한 아름씩 안겨주시던 분
그런 형부가 코로나
고비를 넘기지 못하고 쓰러지셨다

코로나 확진 판정을 받고
며칠만 있으면 자가 격리도 끝나 가는데
갑자기 급성폐렴으로 심정지가 와서
손쓸 새도 없이
유명을 달리하셨다

눈앞이 캄캄할 정도로 황망한데
병원 영안실도
화장장도
순서를 기다리느라 줄을 서야 했다

저승 가는 길에도 줄을 서야 하는 현실은
중세유럽인들이
흑사병으로 죽어가던
그 시대를 연상케 했다

언니마저 확진이 되어
가까스로 얻은
대학병원 영안실 빈소를 조카와 함께
지키면서 준비되지 않은 이별의 슬픔을
폭풍처럼 맞이했다

삼 년째 이어지고 있는 이 어둠의 터널이
언제 끝날 수 있을지
다음 순서는 또 누가 될지 보이지 않는
바이러스의 공포가
삶을 송두리째 뒤집어
놓고 있다

명자꽃

아직 밝은
삼월 초
눈보라가 섞인
비가 내리는데
남녘에서 보내온
사진이 귀하고 반갑다

우리 집에서 보던
홍매화인가 했더니
명자나무꽃이라고 한다

귀하고 붉은 꽃이
스무 살 무렵 우리 딸
수줍은 미소를
보는 듯 사랑스럽다

내 인생의 봄날

불과 일주일 사이에 개나리가
온 세상을 노랗게 노랗게
물들여놓았다

삼십여 년 전,
큰딸이 유치원에 처음 가던 날
노란 모자 노란 가방,
빨강 망토를 두른 아이는
노란 병아리 같았다

내 손을 잡고 걷던
아이가 깡총거렸다

지나가던 아주머니가
우리를 불러 세워 놓고
너무 보기 좋은 모습이라고 했다

자기는 젊은 시절
먹고 사는 게 바빠 좋은 줄도 모르고
지나갔는데 우리를 보니
그 시절이 너무 생각난다고 했다

그때는 나도 참 사는 게 힘들고
고생스럽다고 생각해서
'뭘 그렇게까지 생각하느냐고'
속으로 대꾸했었다

오늘 개나리가
지천으로 피어난 모습을 바라보다
그 시절이 생각났다

그래 그때가
내 인생의 봄날이었다

개나리가 피어나던 봄날
병아리 같은 내 딸 손잡고 걷던
그 길이 꿈속처럼 아스라한
내 인생의 가장 아름다운 봄날이었다

빈자리

늘 그 자리에 있을 때는
당연하다고 생각했다
어제처럼 내일도
내 인생의 주변에서
변함없이 좋은 사람으로 오랫동안
함께 있어 줄 줄 알았다

문득 그 사람의 빈자리가 느껴질 때는
이미 그 사람이 내 곁을 떠나고
후회만 남아 있을 뿐이란 걸
다시 깨닫게 되었다

세월은 쉬지 않고 흘러가고
세상은 끊임없이 변화한다는 사실을
배워서 머리로는 알고 있었지만
이처럼 크나큰 상실감으로
나를 에워싸게 될 줄은
미처 생각하지 못했다

정 많고 따뜻한 사람이
바로 곁에 있을 때는
당연하다고 생각하다가
어느 날 갑자기
내 곁을 떠나자
밀물 같은 후회만 밀려 온다

좀 더 잘해줄걸.
생일이면 선물이라도 해줄걸
밥 한 끼라도 더 먹을걸

내게 남은 소중한 사람들을 생각하며
곁에 있을 때
더 따뜻하고 살뜰하게
마음을 나누어야겠다
나중에 다시
후회하지 않도록.

– 제3부 –
백 년 만의 여행

선물로 온 내 딸

요즘 시간의 여유가 생겨서
틈만 나면 박물관과 미술관
탐방을 즐긴다
이런 나를 생각해
큰딸이 궁중 프로그램을
예매해 준 덕분에
체험할 기회를 갖게 되었다

경복궁의 소주방 전각에 위치한
'생과방'은 궁중의 육처소六處所
가운데 하나다

소주방은 '왕과 왕비'의
후식과 별식을 준비하는
'생물방' '생것방'으로
불리기도 했다고 하는데

'경복궁 생과방' 프로그램은
조선왕조실록의 내용을 토대로
실제로 임금이 드셨던
궁중 병과와 궁중 약차를
요즘 사람들도 즐길 수 있도록
만들었다

궁중 의상을 입은
젊은 남녀가 대접해주는
다과와 차를 마시며
조선 시대 임금이 된 듯한
상상 속에 빠져 보았다

'내 소중한 보물 경진이'는
어려서부터 이쁜 짓만
골라 했던 사랑하는
나의 딸이다

'8737'을 보내던 날

너는 내 인생에서
가장 바쁜 시절에
나와 함께 있었다
세 아이를 키우며 등하교시키고
성당에서 무슨 일이라도 있으면
곧장 달려가는 애마였다

맨 처음 너를 마주했을 때
얼마나 두렵고 떨었던지
마음을 겨우 진정시키고
너에게 말을 걸며
함께 달렸었다

나의 서툰 시절
열쇠를 꽂아둔 채 문을 닫아
서비스센터 호출하기를
수 없이 반복했고
이런 실수들을
너는 침묵으로 지켜봤지

성당 마당에 너를 내려놓으면
할머니들이 지나가며
'착한 차 있구나' 하시던
나의 애마 엘란트라

어머니 돌아가시고
늘 다니던 친정집
그 길 언덕배기에서
홀로 서서 목 놓아 울적에도
너는 묵묵히
나를 지켜보았지

이십 년 넘게 탔지만
상처 하나 없는 너를 떠나보내며
꽃다발을 걸어주고
나의 젊은 날과도 이별을 했다

반닫이

중고등학교 다닐 무렵,
학교에서 돌아오는
늦은 오후가 되면
허기가 목구멍까지 차올라
부엌에서 밥상을 들고
방에 들어갈 것도 없이
부엌 한켠 궤짝 위에 앉아
도리판 둥근 밥상 위에
맨밥과 김치 가닥만
곁들여 먹어도
세상이 부럽지 않았다

어느 날이던가
학교에서 돌아오니
엄마가 그 궤짝 반닫이를
사겠다는 사람이 있어서
팔아버리고 대신
삼 층짜리 찬장을 사고도
돈이 남았다고 했다

나는 그때 그 낡고
오래된 것을
어떤 바보가 사 갔을까 의아했었다

그 후로 수십 년이 지난 어느 날
우연히 국립중앙박물관에 들렀다가
조선 시대 유물관에
어린 시절 내가 앉았던
그 반닫이와 너무도 비슷한 것이 있어서
한참 바라보다 수십 년 전
그날의 엄마가 떠올랐다

이제 와 생각하니
엄마는 너무 헐값에
반닫이를 넘긴 것이었다

내 친구 향순이

친구 선희 딸의 결혼식 날이 잡히고
며칠 동안 친구들이 함께 있는
단톡방에 불이 났다
카톡 카톡
또깍 또깍 울리며 축하하고
서로 약속 시간을 잡고
분주한 시간을 보냈는데
향순이만 잠잠했다

예감이 이상해서
전화를 했더니
남편이 지금은 전화를
받을 수 없다고 했다

외손주를 돌봐주고 있었던 터라
혹시 아이들이 아픈가 물으니
향순이가 지난 월요일,
뇌경색으로 쓰러져
병원 중환자실에 입원 중이라
면회도 안 된다고 했다
아….
우리에게도 이런 시간이 오고야 말았구나

중학교 1학년 때
처음 만났던 향순이의
해맑고 예쁜 미소가
하늘 가득 떠오르며
눈물이 차올랐다

기지개를 켜다

코로나로
숨죽이던 삼 년이 지나고
방방곡곡 기지개를 켜듯 활력이 솟고 있다

그래 그동안
숨죽여 지내느라
힘들었지
침묵하느라
답답했지

그렇지만 나는
그 고요함에 익숙해져
나만의 평화를 맛보기도 했다

이제 다시 분주한
시간은 사양하고 싶다

가끔은 아주
인간적 유혹에 눈감으며
하느님의 눈길을
따라가려 한다

저는 아니겠지요?

"내가 진실로 너희에게 말한다
너희 가운데 한 사람이
나를 팔아넘길 것이다*"
예수님을 팔아넘길 유다가
"스승님, 저는 아니겠지요?" 하고 묻자
예수님께서 그에게
"네가 그렇게 말하였다"
하고 대답하였다

지금의 나는 어떠한가?
잘살고 있는가?
예수님을 팔아넘긴
유다는 아니지만
나는 과연 하느님 앞에서
부끄럽지 않은 삶을 살고 있는가?

저는 아니겠지요?
스스로 관대하게
생각하며 살고 있지는 않은가?
자신에게
질문을 던지는
성주간 수요일이다

*성경 마태복음 26장 21절

내 친구 혜순이

예쁘고 가냘픈 여자아이가
여자중학교 1학년 때
도시에서 자주색 책가방을 들고
우리 반으로 전학을 왔다

까만색 책가방 일색이던
시골 읍내의 우리에게
그 자주색 가방은
단연 눈에 띄었지

햇볕 아래 마음대로 뛰놀아
피부가 까맣던 우리들 속에서
새하얀 네 얼굴은 우리의 시선을
집중시키고도 남았다

부잣집 아이인가?

용돈이란 것이
도무지 없던 시절의 나에게
어느 날 너는 학교가 끝나고
살짝 나를 빙과점이란 곳에 데려갔지
쟁반 가득 앙꼬 아이스케키를 사주는데
앙꼬가 아닌 아이스케키 한 개
얻어먹기도 힘든 시절
너는 나에게 신세계를
보여 주었단다

반백 년이 지난 지금도
너는 내 꿈속에서
여전히 부잣집 아이로
나타나 함박꽃처럼 웃고 있단다

신혼집에 대한 기억

태어나 고향에서
한 번도 이사를 가보지 않고
한 자리에서만 살았다
그러다가 결혼하고
처음 서울에 와서
무수한 불빛 속에서도
내 집이 없다는 것이 서러웠다

그때는 아파트가
별로 없던 시절이었다
마당이 있는 집을 고집하면서도
절대로 빚은 내지 않겠다는
남편 뜻에 따라
마음에 들지 않은
고갯마루 허름한 집을
첫 신혼집으로 마련하였다

주변 사람들은
새파랗게 젊은 사람들이
뭐 그리 집을 빨리 사느냐고 했지만
결혼하고 4년 동안 안 쓰고 절약해서
마련한 신혼집이니
내가 대견하다는 생각이 들었다

남편이 마당의
라일락 나무를 캐내고
단감나무로 바꿔 심어도 관심이 없었고
꽃밭을 만드느라
뒷산에서 자연석을 주워와 정원을 꾸며도
나는 별로 관심을 두지 않았다
이름 모를 야생화로
화단을 채워도 눈길조차
주지 않았다

융자를 조금만 받았어도
산 아래 크고 번듯한 집을
샀을 텐데,
맞벌이를 하니 융자쯤은
충분히 갚을 수 있었는데,
그랬다면 내가 이 고생 안 하고
아이들만 키웠을 텐데
나의 합리적인 사고는
융통성 없는 남편을 미워하느라
좋은 시절을 다 보내고 말았다

화분 들여다볼 시간에
아이들을 들여다보라고

꽃은 아이들 다 키우고
늙어서 돌봐도 된다고
잔소리를 읊어대며
아름다운 시절을
미워하고 원망하며 보냈던 것이
지금 생각해도 아쉽고
또 안타까운 일이다

젊고 아름다운 시절을
왜 그렇게 미워하며
살았는지 다시 갈 수 없는
그 시절을 생각하면
돈보다 아깝다는 생각이 든다

네 인생을 살아라

오랜만에 여고 동창들을 만났다
예순 중반의 나이답게
대화의 주제는
자연스럽게 자식들 이야기로
시작해서 건강하게 살다가
어떻게 행복하게 죽을 것인가로
끝을 맺게 되었다

낼모레 생일인 인숙이가
가족 단톡방에서 아무리 지켜봐도
아들도 딸도 남편도
모두 모르는 눈치여서
서운하다고 했다

"요즘 젊은 애들이
가정 꾸리고 제 새끼들
낳아 키우느라
얼마나 바쁘겠니
더구나 우리 같은 구세대의
음력 생일은
더더욱 못 챙기지"

친구야, 그만 놓아두고
네가 너를 사랑해
"그동안 고생했다."
네가 너에게 말해주고
자신을 위한 선물을
네가 마련하면 어떨까
사십 년 가까이 함께 산 남편은
그에 합당한 벌을 줘야겠지?

오늘부터라도
자신도 남편도 기대지 말고
네 인생을 살았으면 좋겠다

'그리다'

아무도 기억해 주지 않는
죽음이 있다
빈소도 없고 조문객도 없는
서울형 공영 장례 서비스로
서울시립승화원에 마련된
무연고 사망자 방의 이름이다

성당에서 연령회 봉사를 할 때
수도 없이 드나들던
벽제 화장장에
이런 방이 따로 있었다는 걸
이제야 알게 되었다

함께 봉사하던 성당의 형제님이
이사 간 후 한참 지나 전화가 왔다
'바쁠 줄 훤히 짐작은 되지만
혼자 봉사하다 보니 일이 벅차서
도와주면 좋겠다'고 했다

무연고자의 마지막 길을
배웅하는 일이라는 말을 듣고
바쁘지만 기도는 해드리는 것이
좋겠다는 생각으로 달려갔다

처음 달려간 그곳엔
연고 없이 돌아가신 사망자
두 분이 모셔져 있었다
여자분은 내 또래의 초췌한
증명사진을 확대한 듯한
영정 사진으로 걸려 있었고
또 한 분은 그나마 사진도 없이
이름만 걸려 있었다

그가 살아온 삶이
얼마나 외롭고 가난하고
힘들었을까?

그들도 어머니 품에서
처음 세상에 나올 때는
큰 기대와 기쁨을
나누었을 텐데,
아무도 배웅하지 않는 길을
떠나게 될 줄
짐작이나 했을까

이승을 떠나가는 마지막 길이
인간의 존엄성을 잃지 않도록
부디 소풍 떠난 그곳에선
천국의 기쁨을 누릴 수 있기를

백 년 만의 여행

여고 동창 모임에서
어릴 때부터 함께 성당에
다녔던 친구를 만났다

그 친구는 꿈꾸듯 말했다
지금까지 살아오면서
이십 대 때 성당에서
청년 활동하면서 신부님과
청년들과 함께 등산도 가고
시골 공소에도 가서 봉사하던
그 시절이 자신에게는
가장 행복했던 시절인 것 같다고 했다

그러고 보니 나도 같은 시절을
보냈지만 나에게는
그런 추억이 없었다
심지어 같은 성당의 공소인데도
한 번도 가보지 못하고 말로만
자주 듣고 살았었다

엄한 어머니 슬하에서
꼼짝도 못 했다

외박을 절대로 허락하지 않는
엄마에게 입이 부어 보낸
젊은 날이 생각났다

왜 그랬을까?
엄마가 한없이 원망스럽고
내 의지를 한 번도 펴보지 못하고
고지식하게 살아온 내가
바보처럼 여겨졌다

그 빛나던 시절을
나는 그렇게 지나왔다

그 젊은 날들이 숨이 막혀
결혼이라는 또 다른 환경으로
뛰쳐나왔건만 그런 엄마 못지않은
고지식한 남편과
줄줄이 세 아이 키우다 보니
직장 다니며 살림하며
집과 회사를 고3 수험생처럼
종종거리며 다녔다

그리고 당연히 가족들과
함께하는 여행 외에
나 혼자 떠나는 여행은
이번이 처음이다

90년대 초반 직장에서 사진반에 들어
한창 필름 카메라 사진을 찍으러
다닌 때가 있었다

그때도 나는 경복궁, 종묘, 창경궁 등
고궁을 산책하며 아이들 데리고 가는
공원에서나 겨우 사진을 찍었다

같이 배우던 동료들은 봉고차를 빌려 타고
지리산을 다녀오며
지리산 새벽 운해를 그렇게 멋진
작품으로 찍어 와도
나는 부러워만 했지 내 상황 밖으로 뛰어나갈
시도조차 못 하고 살았다

순종의 결과가 스스로를
길들여 놓은 것이다

이제 아이들을 키워야 할 책임도
벗어난 지금
진정 나를 위한 여행을 육십이 넘은 나이에 시도했다

문학기행에서 만난
정암사 적멸보궁, 삼탄아트마인,
함백산 야생화, 태백산 검룡소도 좋았지만
내 마음속 묵은 체증을 씻어내고
진정한 해방감에 휩싸였던 그 순간이
참으로 시원하고 좋았다

우리 동네 돌봄단

우리 동네 노인복지관에서 봉사할 때는
독거 어르신에게 1주일에 한 번
안부 전화를 했는데
코로나로 복지관 운영이 중지된 뒤
동사무소에서 독거노인들을
관리하는 돌봄단이 생겼다
노인뿐만 아니라 젊은 사람도
혼자 사는 경우 해당이 되었다

몇 달 동안 안부 전화로
가까워졌는지 본인들이 사정을
이야기하는 경우가 많아
복지공무원에게 연결해 주기도
하는 이 일이 보람되고 기뻤다

추석 전날 음식을 만들며
전을 부치고 있는데
모르는 번호에서 전화가 걸려왔다
'선생님 제가 전화번호가 바뀌었어요
조카가 새로 전화기를 사줘서
번호가 바뀌자마자 선생님께 전화했어요'
'아, 그러셨군요. 잘됐네요'

그분은 암 합병증으로 고생하면서도
말을 점잖게 하는 남자분이었다.
조카가 전화기를 새로 사줘서
참 기뻤는지 흥분이
목소리에 깔려있었다

이런 날 가족도 없이
외로울 텐데
내가 담당하는 120명에게
행복한 한가위 되시라고
예쁜 그림과 함께 메시지를 보냈다

오늘은 여자분이 강북구 번동으로
이사를 하게 되었는데
선생님 전화를 계속 받을 수 없어
섭섭하다고 계속 관리해 주실 수
없느냐고 했다

보이지 않는 전화 속에서도
우리는 어느새 공감하고 염려하는
사이가 되었다

골뱅이 찾기

내가 속한 재속회에서
회장직을 인수인계할 때
일 년에 한 차례
서울교구, 수원교구, 의정부교구의
주보에 알림광고를 내야 하는 데
집중해야 한다고 주의를 받았었다

소심하고 굼뜬 나는 더욱 긴장하였고
더구나 서울교구 주보 광고 신청은
10시에 시작하면 대학에서
인기 과목 수강 신청처럼
눈 깜짝할 사이에
마감을 한다는 것이다

잔뜩 긴장해서 회원가입부터 하려는데
아무리 해도 뭐가 잘못되었는지
안 되는 것이었다
전화로 아들이 가르쳐주는 대로
해 봐도 안 돼 하루 종일
진땀을 뺐다

나중에 알고 보니
이메일 기록란에 이미 @가
적혀 있어 안 적어야 했는데
고지식하고 당황한 나머지
곧이곧대로 적느라
결국 @가 이중으로 입력되어
접속이 안 되었던 것이다

알고 나면 별것 아닌 것을
모르면 어디서 잘못된 것인지
당황하고 진땀을 흘린 것이
한두 번이 아니다

한 치 앞을 모르고 살아온
내 삶도 수없이 잘못 입력된
@를 찾느라 지체되고
돌아온 건 아니었을까?

행복한 바보

이 동네에 자리 잡고 산 지
어느덧 사십여 년이 되어간다
생각해보니 내 생애의
절반 이상을 이곳에서 보낸 것이
아이들 말대로 서울에서는 한곳에
이렇게 오래 살면
재테크는 빵점이라더니
그런 것 같기도 하다

아파트촌이었던 잠실에서
북한산 자락 불광동으로 이사 왔을 때
이곳은 참 운치가 있었다
뒷산엔 나무가 울창하고
넓고 큼직한 주택들이 많은
조용한 동네였었다.
숨 막히게 바쁘던 젊은 시절
산바람을 맞으며
한숨 돌리기도 했다

그때는 그랬는데
요근래 서울의 부동산 열풍에
친구들은 '너는 시작은 잘했는데

그곳에 들어가서 나올 줄을
모르니 어찌 된 일이냐'고
답답해하기도 했다

경제 논리로는
분명 '행복한 한스'의
한스처럼 바보스러워
보일지도 모른다

물질적 가치를 추구하는 현실에서
나는 어쩌면 한스인지도 모르겠다

그러나 나는 숲이 울창한
이 마을에서
부지런히 살았고
정직했고 따뜻한 시선으로
아이들을 키웠고
주위를 돌아보며 건강하게
살고 있으니 나는 진정
행복한 바보가 아니겠는가

- 제4부 -
오래된 상처

이쁜 딸 경진이

핸드폰에 딸아이 번호에
"이쁜 딸 경진이"라는
호칭을 붙여주었다

어느 부모에게 자식이
금쪽같지 않고
이쁘지 않을까만.
나의 첫딸이 태어났을 때
나는 세상을 바라보는
눈이 바뀜을 알게 되었다

뽀얗고 편안한 아이의
얼굴을 보며 내 삶의
의미를 부여한 젊은 날이었다
아이가 자라면서 나에게
얼마나 큰 기쁨을 주었던지

알뜰했던 젊은 날의 나와
깡충깡충 손잡고 걸어가며
장난감 가게 앞을 지날 때에도
"엄마, 나중에 엄마 돈 있을 때
사주는 거지? 나중에…"

조르지도 않았던 내 딸
어느새 아이는 내 마음 안에
들어앉아 있었다

학교에 가서는 또 얼마나
이쁜 짓만 했던가
출근하는 엄마 손잡고
학교에 가면 1등으로
교실에 들어가 반 전체의 신문을
교무실에서 가져다가 보고
모범생에 공부까지 잘해서
나의 기쁨이었고 훈장이었지

그 어려운 임용시험에 합격하여
국어 선생님으로 발령을
받았을 때의 감동은 이루 말할 수 없었다

호텔에서 결혼한다는 고집에
'안 돼, 결혼은 성당에서 해야 한다'는 나의 고집에
순순히 명동성당에서
결혼을 한 이쁘고 착한 딸

엄마의 꿈이었던 국어 선생님이 되고
명동성당에서의 결혼.
엄마의 꿈을 살아준
고마운 내 딸은 평생의
효도를 다 한 듯했다

교사를 하면서
대학원 논문을 통과하여
동기 중에 혼자 제때에 졸업한다는
딸이 너무 이쁘고 사랑스럽다

이쁜 딸 경진아.
이제 네가 하고 싶은 것
무엇이든지 했으면 좋겠다
행복하게 아이들에게
꿈을 심어주는 선생님이
되어주고 너의 삶을 잘
살아주기를 엄마는 오늘도 기도 한다

세상의 꽃송이들에게

엄마 손잡고
학교에 들어선 지
벌써 한 학기가 지났구나

생애 첫 1학년,
그 보드랍고 예쁜 모습으로
공부를 하고
친구들과 어울리며
세상사는 법을 서툴게 배워가는
사랑스럽고 귀여운 천사들,

때로는 복도에서 소리 지르고
달리기를 하다가 야단을 맞기도 하지만
너희들의 꿈이 무럭무럭 자라는 것을
지켜보는 일은 대견하고 행복하다

거침없이 자라거라
어떤 일도 소중하지 않은 것은 없단다
무럭무럭 건강한 모습으로
생각의 날개를 달아라
그리고 멀리,
아주 멀리 나는 법을 배우거라

오래된 상처

단풍이 아름답기로 유명한
문경새재길
새도 넘어가기 힘들었다는
조령 고갯길
그 옛날 선비들이
괴나리봇짐 메고
넘었다는 그 길을 따라
붉게 물들어가는
시간을 걷는다

고목이 된 은행나무, 단풍나무,
소나무 사이를 지나
깊은 산속으로 들어갈수록
선명한 빛깔에 탄성이 나오기를 몇 번
그 길의 끝에서
오래된 소나무의 상처를 보았다

예삿일이 아닌 것 같다는 생각을 하며
한 소나무 옆에 머무르다
팻말에 적힌 사연을 읽는다

일제강점기 자원이 부족한 일본군이
한국인을 강제 동원하여
송진을 채취해 비행기의 연료로
사용했다는 흔적이다

반세기가 지난 지금까지
소나무의 울음, 그 흔적이
그대로 남아 나를 아프게 했다

강제로 껍질이 벗겨지고
송진을 빼앗기는 고통을 묵묵히 견뎌온
소나무를 바라보며
이 땅의 슬픈 기억을 다시 소환했다

행여 나도 살아오면서 누군가에게
가시로 찔리고 껍질이 벗겨지는
큰 상처를 주지 않았는지 기억해보고
그랬었다면 미안하다고 사과하고
반성하는 가을 길이었다

가을 길상사

성북동 길상사는
단풍이 아름답기로 유명하다.
고즈넉한 산사는
서산으로 넘어가는
노을의 화려한
단풍 옷을 입고
기와지붕의 추녀를 따라 비상한다

공덕주 김영한이
법정 스님의 무소유를 읽고
감명받아 그가 운영하던
대원각을 시주하고
길상화라는 법명을
받았다는 곳이다

인간의 삶도 물질도 유한한 것
의미 있는 일에 자신의
전 재산을 남기고
떠날 수 있는 길상화의
마음을 닮고 싶다.

단풍을 재촉하며
떠나가는 계절의 뒤안길에서
내가 지나온 길을 생각한다

엄마의 어떤 체험

엄마가 추억에 잠겨
자신의 체험을
이야기하셨다

참 신기한 일이야
사월 초파일에
절에 가서 등불을 켜려는데
딱 등 하나 켤 돈 밖에
없어서 하나인 아들의
등을 켜주려고
절에 가는 길이었지

구불구불한 논길을 지나
좁은 풀숲 길에서
네모를 몇 번이나 접은
종이돈 한 장을 발견했단다

등 하나 더 밝히고 싶은
자신의 마음을 알아준
부처님의 가피인 듯싶어
얼른 주워서
막내 등까지 켜고 왔다고 했다

어머니는 마치 기적을
체험한 것인 양
이야기했지만

나는 아들도 아니고
그 막내에도 끼이지 못한
서운함을 삭혀야 했다

나는 자라면서도
한 번도 주인공이 된 적이 없다
특별히 뛰어나지도 못했고
그렇다고 대놓고 말썽도
부려보지 못한 나는
늘 무대 위의 엑스트라
주변인으로 살아왔다

그때는 몰랐네

삼십여 년 전,
그때는 나만 힘든 시절인 줄
알았다

지나고 보니
그 날들이 내 인생의
황금기였다는 것을
이제야 깨닫게 된다

바쁜 걸음으로 퇴근해
저녁 식사 준비하는 중에도
세 아이들이 서로
자기 이야기 들어달라고
재잘거리며 매달렸다

엄마에게 하루 있었던
일들을 이야기하려고
재잘거리는 소리가
도마 소리와 뒤엉켜
나도 모르게 소리를 질렀다
차례대로, 제발 차례대로
이야기하라고!

그 귀여운 재잘거림이
진정 행복의 소리였음을
그때는 몰랐다

이제 그 아이들이
나보다 더 현명한
어른이 되고 보니
그 시절의 기억이
아련하게 밀려온다

보고 싶은 친구야

3월의 학교 복도는
생선시장 같다
쉬는 시간 종이 울리자마자
이 교실 저 교실에서
튀어나온 아이들로
북적이는 수산시장이 된다

옆 반으로 헤어진
친구가 아쉬워
두 손 잡고
팔짝팔짝 뛰는
아이들

내 친구 혜순이도 그랬었다
선생님 저 명희하고
한 반 시켜주세요
되지도 않을 부탁을 하며
우리 교실 창밖에서
그렁그렁 바라보던
착하고 예뻤던 내 친구
벌써 오십 년도
더 지난 일이다

친구야 잘살고 있지?

자귀나무

오랜만에 고향 친구가
소식을 보내왔다
천변에 환하게 피어난
자귀나무 사진이었다

집 창문으로
해마다 바라보던
자귀나무가 이때쯤 필 텐데
생각한 지가 며칠 전인데
울컥 반가운 마음이 들었다

외출했다 돌아와 다시 보니
꽃잎이 활짝 피어나
나를 보고 있었다
그동안 무심하게 눈길 한 번 못 준 게
미안한 마음이 들었다

봄꽃이 온통 만개한 뒤
가장 늦게 피는 꽃,
친구는 가장 나중에
자귀나무 새싹이 나오면
봄의 완성이라고 했다

나무 중에서
가장 늦게 잎이 피는
늦잠꾸러기,
해가 지고 밤이 오면
잎은 시들어지고
잠만 잔다고
자귀나무라 했다고 한다

잠만 자는
늦잠꾸러기 나무가
잠 많은 나를 닮은 듯
한편으로 애틋해졌다

도서관 가는 길

우리 아이들이 어렸을 때는
틈만 나면 아이들 손을 잡고
사직동에 있는
어린이도서관을 드나들었다

전집으로 된 책을 사주기보다
도서관에 가서 하루 종일
읽고 싶은 책을 골라 읽고
돌아오는 길에 한 사람당 세 권씩
책을 빌려와서
2주 후에 반납하러 가곤 했었다

도서관 다녀오는 길목에 있는 돈가스집은
언제나 우리들의 눈과 입을 즐겁게 해주었다
그때는 몰랐지만
어른이 된 아이들을 생각할 때면
그런 시절이 우리에게 있었다는 것이
소중하고 아름다운 추억이었구나 생각한다

그리고 그런 기억들이
우리를 성장시키는 시간이었다는
생각이 든다

새 학기 첫날

초등학교 1학년에서
2학년으로 올라온
첫날 아침,
아직도 아기 티를 벗어나지 못한
아이가 교실을 찾지 못해
쩔쩔매고 있다

"첫날은 다른 아이들도 그런단다"
안심을 시키며 가만히 손을 잡고
교실을 찾아주었다
이름이 적힌 신발장을 찾고
새로운 교실과 바뀐 책상을
찾아가는 아이의
뒷모습이 불안하다

며칠 동안은 낯설겠지만
곧 익숙해지겠지
새로운 것에 누구보다
적응이 느렸던
나의 어린 시절이 생각나
교실로 들어간 아이의 뒷모습을
한참 동안 바라보았다

하려고만 하는 사람

60년대가 저물어갈 무렵,
나는 여중학교에 입학하였다
요즘처럼 선행학습이란 것도 모르고
초등학교를 졸업하고
겨울방학 동안 영어 알파벳 정도만
겨우 배우고 들어간 학교에서
영어라는 과목은 어렵고 신기했다

마귀할멈이라는 별명의
코가 긴 영어 선생님과
눈이 마주쳐 발표라도 하게 될까 봐
가슴 조이는 한 학기를 보냈다

여름방학이 되자마자
영어를 정말 잘하고 싶어서
영어 교과서 유니언 잉글리쉬
9과를 몽땅 외워버렸다
거기에는 "going to do"라는
제목의 문장이 있었다

"하려고만 하는 사람"
나중에 커서 내가 자신이 없고
게으름을 피우고 싶어질 때면
"going to do"가
내가 아닌가 하는 생각을 자주 하곤 한다

하려고만 하는 사람
나는 늘 마음만 먹고
실행에 옮기지 못한 일들이 너무 많았다

이제 내 젊은 날도 다 살았으니
느리게라도 "하고야 마는 사람"으로
살아야 할까 보다

기억 여행

다시 찾아온 송지호 해수욕장,
돌아보니 삼십 년의
세월이 흘렀다

칠월 말 휴가철이었지
온 나라가 근대화를
부르짖으며 '잘살아 보세'를
외치던 무렵이다

보릿고개를 지나
직장생활을 하던 사람들에게
처음으로 여름휴가라는 것이
생긴 시기였다

형편이 조금 나아진 사람들은
자가용을 구입하기도 했지만
차가 많지 않은 시절,
대부분 회사에서 전세버스를 임대해
단체로 휴가를 떠나곤 했다

전국의 경치 좋은 곳
몇 군데에 하계 휴양소를 만들어 놓고

직원들에게 여름휴가를 보낼 수 있게
배려해 주었다

처음 가족들과
함께 간 해수욕장에서
생전 처음 바닷물에
들어가 보기도 했다

그때의 고운 모래사장은 여전한데
재잘거리며 웃던
딸들의 웃음소리도 어제 일처럼
귓가에 쟁쟁한데
어느새 삼십 년의 세월을
건너오고 말았다

함께 휴가를 떠났던
엄마도 이미 우리 곁을 떠나셨고
나는 오늘
그리운 그곳에 홀로 찾아와
그날의 기억을 더듬어 보며
혼자 눈물짓는다

정상에 서서

여기까지
어떻게 왔는데
대단치 않다고
비웃지 말아라

설렘으로 잠 설치고
새벽에 일어나
굽이굽이 비탈길을
숨차게 올랐다

능선 너머로
떠오르는 해도 보았고
걷고 또 걸으며
풀꽃의 미소를 발견하고
작은 기쁨도 맛보았다

땀이 범벅이 되어
가다 쉬기를 반복할 때마다
그만 포기하고 돌아갈까
수없이 망설이기도 하였다

등에 진 짐이 무거워
버리고 싶은 순간
한두 번이 아니었지만
눈물 흘리며 힘겹게
올라온 길이다

하지만 나는
오늘 내가 만나는 사람에게
여기까지 오느라 힘들었지만
후회하지 않는다고
스스로 대견하다고
칭찬과 위로를 건넬 것이다

누군가 내가 걸어온 길을 따라올 사람이
있을 것을 믿기에

그 빛

그때는 몰랐습니다

스무 살 무렵의 빛이
얼마나
찬란한 것이었는지

바람 부는 언덕길을
돌고 돌아와
그리운 그 모습
다시 보니
알겠습니다

– 해설 –

한겨울에도 꽃을 피우는 에델바이스처럼, 진솔한 삶의 흔적을 풀어내다

해설

한겨울에도 꽃을 피우는 에델바이스처럼, 진솔한 삶의 흔적을 풀어내다

― 강명희 시집 『물 밖으로 나를 보낸다』를 읽고

김남권(시인, 계간 P.S 발행인)

　삶의 흔적들을 오롯한 진술의 언어로 풀어낸 강명희 시인의 시편들은 진솔하고 따뜻하다. 평생 동안 공직에 근무하다 퇴직해서 노인복지관 상담사로 경로식당 자원봉사자로 서울시립승화원 무연고자 장례 지원 봉사활동과 초등학교 학교안전지원단 돌봄 교사로 활동하고 있는 강명희 시인은 그의 생이 시어로 진솔하게 따라와 꾸미지 않은 감동으로 잔잔한 울림을 준다.

　언어유희와 난해한 실험에 빠져 있는 현대시의 화려한 앞모습만 보다가 시를 읽고 나서 이미지가 가슴에 새겨져 진한 여운이 남는 시 한 편을 발견한다는 사실은 생각만 해도 행복한 일이다. 모름지기 시인은 시를 살아가는 사람이다. 삶의 흔적이 올올이 담겨 있는 온전한 시를 발견하는 일이란 시를 쓰는 사람들이 느끼는 가장 큰 기쁨이라 할 것이다. 이번에 첫 시집을 출간하는 강명희 시인의 시「물 밖으로 나를 보낸다」, 「두꺼비집」, 「동백」, 「나도 샤프란」, 「소녀와 안개」 등은 계간 표현문학 신인문학상에 당선된 시편들이다.

특히 「물 밖으로 나를 보낸다」는 그동안 연못 안에 고인 채 갇혀 살아온 시인의 생애가 드디어 연못 밖의 물꼬를 트고 새로운 물길을 만나 유장하게 흘러가는 틈을 열었다는 의미에서 상징성을 가진다. 이번에 첫 시집에 수록한 60여 편의 시들은 강명희 시인이 고희에 가까운 세월을 살아오는 동안 진솔한 삶의 여정을 서정적 진술에 기반하여 쓴 경험과 사유, 상상이 깃든 삶의 궤적이라 할 것이다.

늦깎이로 대학에서 국문학과와 종교학과를 복수 전공 하면서 학문에 대한 열정을 보이고, 대학 재학 시 학보사에서 주최한 문학상 공모에서 수필 부문 금상을 수상한 이력이 있기도 한 강명희 시인은 글 쓰는 일에도 봉사활동에도 사람을 대하는 일에도 모두 진심인 시인이다.

시는 허구의 산물이다. 그러나 그 허구를 증명하는 것은 경험이다. 한순간의 영감을 상징화하는 것이든 오랜 시간 겪어 온 일들을 진술하듯이 풀어내는 것이든 시적 화자를 동원하여 자기 이야기를 풀어내는 것이다. 지나치게 허구에 머무르면 난해해지기 쉽고, 언어의 유희만 남아 공감이나 감동을 찾아보기 힘들어진다. 다만 진술에만 너무 의존해서 비유와 상징 이미지라는 운문의 본질을 잃어버리는 것도 경계해야 할 것이다. 시인은 시를 담는 그릇이다. 그 그릇은 언제나 청결하고 우아한 기품을 잃지 말아야 한다. 우아하고 아름다운 그릇에 시를 담는 일이야말로 세상을 향기롭게 하고 시를 읽는 독자들에게 선물 같은 기쁨과 치유의 감동을 줄 수 있기 때문이다.

　물처럼 살았다
　향기도 모양도 만들지 못하고
　네모 옆에서는 네모로
　동그라미 옆에서는 동그라미로
　얕은 그릇, 깊은 그릇 모양에 따라
　무엇에든 그릇에 맞추느라
　내 모습을 잊고 살았다

　언제나 호수 같은 평화를 사랑한다고
　스스로를 위로했지만
　호수 아래 가라앉은 뿌리가 되어
　물 밖으로 고개도 내밀지 못한 채
　이순을 넘겼다

　고개를 내밀어야 꽃을 피울 텐데
　고개를 내밀어야 별을 볼 텐데
　이제 남은 시간이 아까워
　까치발 들고
　안간힘으로
　물 밖으로 나를 보낸다
　　　　　　　　　　「물 밖으로 나를 보낸다」 전문

이 시는 가장 강명희다운 시편이라 할 수 있다. 고희에 가까운 인생을 살아오는 동안 내면의 나에게 충실하기보다는 나와 관련된 사람들을 위해 충실하게 살아왔던 시인의 속내와 생의 절실한 카테고리가 이 시를 통해 연결되고 있다. 그렇게 물처럼 사는 것이 모두를 행복하게 하고 자신도 행복한 일이라는 걸 어느 정도 합리화하면서 살아오는 동안, 자신의 그릇도 네모 옆에서는 네모로, 동그라미 옆에서는 동그라미로 비쳤을 것이다. 그러나 그의 내면에는 호수에 떠 있는 백조처럼 우아한 몸짓을 보여주기 위해 쉬지 않고 물갈퀴를 움직였을 것이다. 꽃을 피우고 별을 보는데도 까치발을 들고 안간힘을 다해야 했던 시간들이 이제 드디어 물 밖으로 나올 때가 된 것이다.

두꺼비는 두꺼비집에 살지 않는다
전기를 밥으로 먹지도 않는다
육십 년대 초쯤,
내가 살던 읍내에는 전기가 들어왔지만
특선, 일반선으로 나뉘어
특선은 낮에도 불을 켜면 들어왔지만
일반선은 저녁에서 새벽까지
한전에서 넣어주는 대로 불을 밝혔다

그것도 가끔은 깜빡깜빡해서
불이 들어왔다 나가면
부엌으로 돌아가는 모퉁이 벽 위에

높다랗게 걸려 있던 두꺼비집을
간짓대로 두드려 패다 보면
가끔 깜짝 전기가
들어오기도 했다

전기가 나가면
한전 아저씨를 부르러
어린 나는 밤길을 달려갔고
한전 아저씨는 자전거를 타고 가다
뒤돌아보며 타라고 했지만
나는 그 자전거마저 무서워
밤길을 혼자 걸어 돌아오곤 했다

그 후로도 한참을
두꺼비집에서는 두꺼비 대신
물렁한 퓨즈가 전기를 먹고 있었지만
그 속에 무엇이 있는지 깨닫기까지
세월이 더 흘러서야 알게 되었다

지금 내가 살고 있는 우리 집에는
진짜 두꺼비가 살고 있다

「두꺼비집」 전문

　강명희는 시「두꺼비집」을 통해서 자신의 존재에 대한 본질의 질문을 던지고 있다. 시적 화자는 어리고 키가 작고 두려운 존재다. 그러나 그 화자는 어른이 되고 충분히 키가 자랐지만 두꺼비집을 열어 볼 생각조차 하지 않고, 다만 진짜 두꺼비는 살지 않을 것이라는 추측을 하면서 한 번쯤 차단기를 내려 볼 생각조차 하지 않는다. 아니 어쩌면 그럴 필요를 느끼지 못하기 때문이 아닐까? 시적 화자는 이미 아주 오래전부터 두꺼비집 속에서 플러스와 마이너스를 연결하는 퓨즈 역할을 하고 있었기 때문이다. 스위치도 필요 없는 서로를 위한 연결고리로 정착되었기에 전기를 먹는 두꺼비가 자신이었기에 굳이 두꺼비집을 열어 볼 필요를 느끼지 못한 것이다.

남녘 어느 바닷가에서
해풍을 맞으며 살다가
우리 집으로 시집온 지
어느덧 사십여 년이 지났다

중년이 된 나무는
굵은 줄기가 세월의 흔적을
말해주고 있다

남녘에서 처음 왔을 때는
앙상한 가지 하나
겨우 포대에 싸여 들어왔는데
분재 화분에 심겨진 채
애지중지 눈 맞춘 세월,

반백 년이 가까워 온다

온몸을 조여 오는 고통을 감수하고
어느 때부턴가
애처로운 그 눈빛
나는 보는듯해 안타까웠는데

해마다 눈 내리는 남녘의
하늘을 그리워하며
붉은 눈물 뚝뚝, 흘리는 너를
이제 나도 뜨거운 가슴으로
꽃잎 떨구며 바라보고 있다

「동백」 전문

　동백은 효수당한 꽃이다. 그리하여 남녘을 여행하다 동백꽃이 핀 나무 밑을 걸어가다 보면 저절로 발걸음이 숙연해지고 죄인의 기분이 든다. 생의 절정에서 꽃송이째 뚝, 뚝 떨어지는 동백꽃은 처절한 숙명 같은 감상에 젖게 한다. 이른 봄, 하얀 눈이 가득 쌓인 해남 땅끝 마을에 갔다가 토말비를 보러 가는 길목에 붉은 핏자국으로 얼룩진 길을 어쩔 수 없이 밟으며 걸어가던 기억은 강렬한 이미지로 남아 있다. 동백은 '자랑, 겸손한 아름다움'이라는 꽃말에 어울리지 않게 강렬한 빛깔로 유혹하는 겨울의 끝자락에서 봄을 연결하는 생명의 전령이기도 하다. 그런데 집안의 분재로 식구가 되어버린 지 이십여 년이 된 동백나무를 바라보면서 유일한 동지애를 느꼈음 직한 '동백'은 무언의 도반이 아니었을까.

　언제 피어났는지도 모르게
　화단 틈바구니에서
　빼꼼이 고개 내민 순결한 꽃 한 송이,

　나 밤나무처럼
　무척 높은 족속이
　되고 싶었나 보다

　형제 많은 집에서
　좀처럼 관심을 받지 못하고 자란
　나처럼,
　칭찬이라도 받아 보고 싶었나 보다

　별을 닮은 꽃잎마다
　까르르 까르르
　목젖이 환하도록 웃는

　예닐곱 살
　내 딸이 거기 있었다

「나도 샤프란」 전문

　딸의 모습을 샤프란꽃 이미지로 감정이입을 하는 순간이다. 예닐곱 살 무렵의 딸이 까르르 까르르 목젖이 보이도록 웃을 때마다 피어나는 향기롭고 아리따운 꽃송이가 샤프란이다. 이제는 그 딸도 성장해 직장을 갖고 사회의 일원이 되어 자기 몫을 다하며 살아가고 있지만, 딸을 바라보는 화자인 어머니의 기억 속에서는 여전히 예닐곱 살 어린아이의 맑고 순수한 모습 그대로 각인되어 그때의 시선 그대로 바라보고 있는 것이다. 화단의 한 귀퉁이에 피어난 샤프란꽃처럼, 아무리 작은 공간 속에서 피어난 꽃이라도 그 존재 자체가 이미 오래전부터 기억 속에 내재된 무척 높은 족속이었기에 시적 화자의 눈을 피해갈 수 없었던 것이다.

여고 시절 나는 안개 소녀였다

아침 일찍 홀로 안개 속을 걸어가는 동안
나는 마법의 성을 산책하는
공주가 되었다

가장 먼저 학교에 등교하는 재미에 빠져
아무도 없는 운동장 한가운데서
베일에 싸인 안개 속으로 들어가
깊은숨을 쉬며 환상에 젖었다

낮은 담장처럼 피어 있는
코스모스 꽃길을 따라가다 보면
안개는 어느새 산꼭대기로 밀려나고
나는 우주의 주인이 된 듯

텅 빈 운동장을 점령한 기분에 젖곤 했다

무진기행 속 안개는 여귀女鬼가
뿜어내는 입김 같다고 했는데
나에게 안개는 예나 지금이나
신비한 꿈속을 여행하는
어린 왕자의 바오밥나무다

「소녀와 안개」 전문

'소녀와 안개'는 닮았다. 신비롭고 순결하고 베일에 싸인 존재라는 측면에서 자전적 진술 화자로서의 시인의 소녀 시절을 일치시키고 있다. 학교를 가장 먼저 등교한다는 재미에 빠져 마치 마법의 성을 산책하는 소녀가 되어 안개 속을 걸어가는 공주가 된다. 소설 '무진기행'을 연상시키는 안개 속을 걷는 소녀는 한이 많은 여자 귀신이 내뿜는 하얀 기운을 연상하게도 한다. 봄 가을, 새벽 공기의 일교차가 큰 계절에 자주 나타나는 안개는 커다란 짐승의 무리가 강을 휩싸고 있다가 일순간 산 정상을 향하여 맹렬하게 몰려가는 모습을 닮았다. 소녀 시절 만났던 그 안개의 기억은 고희를 코앞에 둔 소녀의 가슴 속에서 어린왕자의 바오밥나무처럼 자라고 있다.

어린 시절
조금만 신경을 쓰면
소화를 못 시키던

아버지 심부름으로
소다를 사려고 구멍가게에 자주 갔었다

초등학교 남자 동창 아이가
주둥이가 좁은 항아리 속의 소다를
양은 국자로 떠서 저울에 달아 주면
누런 종이봉투를 들고 집으로 돌아왔다

소화제도 귀했던 시절,
월남 갔던 큰 집 오빠가
작은 아버지 선물이라며 선물로 들고 온
파란 병의 '암포젤 엠'이라는 미제약을 드신 후론
더 이상 소다 심부름도 하지 않았다

그렇게 세월은 흘러
어느덧 나도 아버지의 나이를 넘겼지만
약국마저 흔해진 요즘
하루에 열 번이라도 좋으니
소다 심부름을 시키는 아버지가
곁에 계시면 좋겠다고 생각한다

「소다 심부름」 전문

    강명희의 첫 시집 속 화자는 가족을 중심으로 하고 있다. 진술적 서사를 담보로 오랜 기억 속의 흔적들을 풀어 놓고 있다. 그리하여 시편들마다 정서적 공감대가 깊다. 특히 고단했던 시대를 살아온 사람들에겐 더욱 그 정서적 유대가 끈끈하게 감정이입의 폭을 확장시킨다. 유년의 아버지는 가부장적이고 유교적인 관습에서 벗어나지 못했다. 그런 아버지의 소다 심부름을 하면서 성장한 소녀가 아버지의 나이를 넘기고 생각하는 아버지는 비슷한 나이가 되어서 만나는 기억의 소환을 이끌어 내고 있다.

왜 그런지 나는
누가 내 앞에서
아들 칭찬만 하면
이성을 잃고
둥둥 떠 버린다
아무리 고치려 해도
고쳐지지 않는
고질병이다

두 딸을 낳은 뒤
선물처럼 내게 온 아들은
세상의 누구보다 어여뻤고
공부를 못해도 괜찮고
조금 덜 착해도 괜찮았을
존재 자체만으로도
기쁨을 주는 아이였는데
늘 내가 기대하는 이상의
기쁨을 주는 존재였다

자신의 일이라면
늘 들떠있는 내게
'명품은 스스로 명품이라고
말하지 않아요'라는 한마디로 오히려 나를
겸손하라고 깨우치는 아들,
결국 오늘도 이렇게 자랑을
하다가 하루가 저무는구나

그래 아들아, 우리는
과연 어디까지 배워야
부끄럽지 않은 사람이 될까?
그렇지만 아들아
오늘 나는 팔불출의 역사를
다시 쓰더라도 내가 살아있는
최후의 기쁨을 놓치고 싶지 않구나

「팔불출에게 온 선문」 전문

  자식의 이야기는 언제나 마음이 앞선다. 이성적이고 냉정한 부모도 자식의 칭찬과 자랑 앞에서는 여지없이 무너지고 만다. 그건 아주 오래전부터 유전자처럼 핏줄 속에 내재되어 있는 내리사랑의 기억이 관습처럼 흘러서 생기는 현상이 아닐까 생각한다.

아직 밝은
삼월 초

눈보라가 섞인
비가 내리는데
남녘에서 보내온
사진이 귀하고 반갑다

우리 집에서 보던
홍매화인가 했더니
명자나무꽃이라고 한다

귀하고 붉은 꽃이
스무 살 무렵 우리 딸
수줍은 미소를
보는 듯 사랑스럽다

「명자꽃」 전문

 딸을 위한 이미지가 다시 꽃으로 피어난다. 샤프란꽃으로부터 명자꽃으로 이어지는 딸을 향한 사랑의 기억들은 팔불출이어도 좋고, 이기적이어도 좋은 아들의 기억을 소환한다. 부부에게 삶의 방향이 바뀌는 시점이 아이들을 낳고부터라면 아이들이 성장해서 자기만의 세계를 펼쳐 나간다는 것은 다시 나이 든 부부가 자신만의 세계를 새롭게 구축해 가며 자신의 존재에 대한 진정한 삶의 가치를 발견하는 시간이라고 해야 할 것이다.

 내가 속한 재속회에서

회장직을 인수인계할 때
일 년에 한 차례
서울교구, 수원교구, 의정부교구의
주보에 알림광고를 내야 하는 데
집중해야 한다고 주의를 받았었다

소심하고 굼뜬 나는 더욱 긴장하였고
더구나 서울교구 주보 광고 신청은
10시에 시작하면 대학에서
인기 과목 수강 신청처럼
눈 깜짝할 사이에
마감을 한다는 것이다

잔뜩 긴장해서 회원가입부터 하려는데
아무리 해도 뭐가 잘못되었는지
안 되는 것이었다
전화로 아들이 가르쳐주는 대로
해 봐도 안 돼 하루 종일
진땀을 뺐다

나중에 알고 보니
이메일 기록란에 이미 @가
적혀 있어 안 적어야 했는데
고지식하고 당황한 나머지
곧이곧대로 적느라

결국 @가 이중으로 입력되어
접속이 안 되었던 것이다

알고 나면 별것 아닌 것을
모르면 어디서 잘못된 것인지
당황하고 진땀을 흘린 것이
한두 번이 아니다

한 치 앞을 모르고 살아온
내 삶도 수없이 잘못 입력된
@를 찾느라 지체되고
놓아온 건 아니었을까?

「골뱅이 찾기」 전문

우리나라에 인터넷이 보급되기 시작한 지 삼십 년 정도 지났다. 처음에는 플로피디스크를 본체에 넣고 신호를 입력하면 작동되는 시스템이었다. 접속하기도 어려울 뿐만 아니라 오류도 자주 발생하였다. 그러나 지금은 P.C 아니라도 스마트폰에서 수시로 인터넷에 접속을 하고 이메일을 보내고 유튜브와 동영상을 시청할 수 있는 시대가 되었다. 한 마디로 포노사피엔스 시대를 살고 있는 것이다. 인터넷을 할 줄 모르면 아무것도 누릴 수 없는 세상이 된 것이다. 어쩌면 이메일을 보낼 때 반드시 중간 매개체 역할을 하는 골뱅이가 없다면 우리는 아무런 소통을 하지 못하는 상황과 같은 것이다. 자신의 삶을 돌아보며 잘못 입력된 이메일 주소를 찾느라 시간을 소비한 것처럼, 알고 나면 별것 아닌 것들에 묶여 자신이 누려야 할 것들을 놓치고 살아가고 있는 건 아닌지 시적 화자를 통해 강명희는 자신의 생애를 되새김질하고 있는 것이다.

　엄마 손잡고
　학교에 들어선 지
　벌써 한 학기가 지났구나

　생애 첫 1학년,
　그 보드랍고 예쁜 모습으로
　공부를 하고
　친구들과 어울리며
　세상사는 법을 서툴게 배워가는
　사랑스럽고 귀여운 천사들,

　때로는 복도에서 소리 지르고
　달리기를 하다가 야단을 맞기도 하지만
　너희들의 꿈이 무럭무럭 자라는 것을
　지켜보는 일은 대견하고 행복하다

　거침없이 자라거라
　어떤 일도 소중하지 않은 것은 없단다
　무럭무럭 건강한 모습으로
　생각의 날개를 달아라

그리고 멀리,

아주 멀리 나는 법을 배우거라

「세상의 꽃송이들에게」 전문

    강명희 시인은 자신이 다니고 있는 성당 안팎에서 평생 봉사활동을 하며 타인을 위한 시간을 희생하며 살고 있다. 딱하고 불편한 사람들을 그냥 지나치지 못하고, 마음이 아픈 사람들을 위로하고 포용하는 일에 남다른 연민을 가지고 있다. 독거노인들을 위해 마음의 벗이 되어 주기도 하고 연고자 없이 사망한 분들을 위해 마지막 길을 배웅하며 기도를 올려 주고, 이웃의 딱한 사정을 외면하지 않는 착한 성정을 지니고 있다. 그리고 강명희 시인이 가장 좋아하는 사람은 어린아이들이다. 최근에 학교 안전지원단으로 초등학교 1학년 아이들의 학교생활을 지도하는 자원봉사자로 활동하면서 어느 때보다 행복한 시간을 보내고 있다. 아이들이 달려와 안길 때 가장 행복하다는 강명희 시인은 그 자신이 세상의 꽃송이들을 가슴에 품고 사는 아름다운 꽃대가 아닐까 생각한다.

60년대가 저물어갈 무렵,

나는 여중학교에 입학하였다

요즘처럼 선행학습이란 것도 모르고'

초등학교를 졸업하고

겨울방학 동안 영어 알파벳 정도만

겨우 배우고 들어간 학교에서

영어라는 과목은 어렵고 신기했다

마귀할멈이라는 별명의
코가 긴 영어 선생님과
눈이 마주쳐 발표라도 하게 될까 봐
가슴 조이는 한 학기를 보냈다

여름방학이 되자마자
영어를 정말 잘하고 싶어서
영어 교과서 유니언 잉글리쉬
9과를 몽땅 외워버렸다
거기에는 "going to do"라는
제목의 문장이었다

"하려고만 하는 사람"
나중에 커서 내가 자신이 없고
게으름을 피우고 싶어질 때면
"going to do"가
내가 아닌가 하는 생각을 자주 하곤 한다

하려고만 하는 사람
나는 늘 마음만 먹고
실행에 옮기지 못한 일들이 너무 많았다

이제 내 젊은 날도 다 살았으니

느리게라도 "하고야 마는 사람"으로

살아야 할까 보다

「하려고만 하는 사람」 전문

    생각만 하다 시간을 낭비하는 사람들이 있다. 어려서부터 부모로부터 물려받은 습관과 사고방식이 고착화되어 수동적인 삶에서 벗어나지 못하는 사람도 있고, 유교적인 인습에 사로잡혀 남존여비, 남성우월주의에 길들어진 세대의 그릇된 인식이 학교생활과 사회생활로 이어지고 심지어는 결혼생활로 이어져 자신이 중심이 된 주도적인 삶을 행동으로 옮기기까지 많은 용기와 학습이 필요한 사람들이 있다. 강명희 시인은 스스로 그런 사람이었다고 고백하고 있다. 여고 시절 영어 교과서를 통째로 외우면서 깨달은 '하려고만 하는 사람'이 바로 자신이었다고 커밍아웃한 것이다. 청춘을 보낸 지금도 청춘이다. 훗날 십 년이 지나고 삼십 년이 더 지난 후에 돌아보면 지금이 반드시 청춘일 것이기 때문이다. 그리하여 삼십 년 전에 해 보지 못한 일들을 지금이라도 시도해보지 않는다면 반드시 후회할 것이다. 느리게라도 어설프게라도 '하고야 마는 사람'으로 살아보아야 하지 않겠는가.

    강명희 시인이 시를 쓰고, 시인의 길을 걸어가기 시작하는 일은 결국 그런 발걸음을 향한 새로운 인생의 시작이라 할 것이다. 칠십 년 가까이 자연인 강명희로 '하려고만 하는 사람'으로 살아왔다면 이제부터는 '하고야 마는 사람'으로 시인 강명희의 인생을 출발하는 것이다.

자기 삶의 주인공이 되어 스스로를 밝히고 주변을 밝히고 세상을 밝히는 등불이 되는 삶을 시작한다면 제2의 청춘이 되어 한겨울에도 향기로운 꽃을 피우는 에델바이스의 운명을 살아갈 수 있을 것이다.

물 밖으로 나를 보낸다

물 밖으로 나를 보낸다

펴낸날 2023년 9월 25일

지은이 강명희
펴낸이 주계수 | **편집책임** 이슬기 | **꾸민이** 김태안

펴낸곳 밥북 | **출판등록** 제 2014-000085 호
주소 서울시 마포구 양화로7길 47 상훈빌딩 2층
전화 02-6925-0370 | **팩스** 02-6925-0380
홈페이지 www.bobbook.co.kr | **이메일** bobbook@hanmail.net

ⓒ 강명희, 2023.
ISBN 979-11-5858-995-0 (03810)

※ 이 책은 저작권법에 따라 보호받는 저작물이므로 무단전재와 복제를 금합니다.